3. Schuljahr

Spannende
Lesegeschichten

Inhalt

Eine schwierige Aufgabe **4**

Marius und der Wolf **16**

Der Drachenwald **30**

Das Herz des Berges **44**

Glück im Unglück **56**

Der Schatz des Drachen **68**

Ballett macht Spaß **82**

Lösungen **Lesequiz** **96**

Eine schwierige Aufgabe

Nele und Sina machen mit ihrer Klasse einen Ausflug in den Tierpark. Am Eingang bekommen alle Kinder von ihrer Lehrerin Frau Walter einen Zettel mit vielen Fragen. Nele schnappt sich gleich einen.
„Das ist ein Tierpark-Quiz", erklärt ihnen Frau Walter. „Ihr geht in Gruppen durch den Park und sollt die Aufgaben lösen."

„Die grünen Info-Schilder helfen euch weiter, wenn ihr mal eine Antwort nicht wisst. Ihr startet am Wildgehege. Für das Quiz habt ihr eine Stunde Zeit. Dann treffen wir uns wieder hier. Wer alle Fragen richtig beanwortet hat, bekommt eine Familien-Freikarte für den Tierpark."

„Toll", sagt Nele. „Dann kann ich mit meinen Eltern noch mal hierherkommen und ihnen zeigen, was ich heute gelernt habe.
Ich gehe zusammen mit Sina."
Sina nickt und die beiden laufen los.
„Wir gehen zuerst zu den Affen", sagt Nele. Dann machen wir das Quiz rückwärts."
„Warum?", fragt Sina.
Nele lacht.
„So haben wir bei den Aufgaben unsere Ruhe. Niemand schreibt von uns ab."
„Gut!" Sina nickt. „Auf zum Affenhaus – wer als Erster da ist!"

Die Fragen über die Affen sind sehr schwierig. Aber Nele und Sina lesen die Texte auf den grünen Tafeln. Und dann ist es plötzlich ganz leicht.

Bei den Kängurus und den Robben ist es einfacher. Als sie zum Streichelzoo kommen, haben Nele und Sina schon über die Hälfte der Fragen beantwortet. So früh am Morgen ist im Tierpark noch nicht viel los. Außer Nele und Sina ist nur noch eine Frau mit einem Kinderwagen beim Streichelzoo unterwegs. Und eine kleine Ziege.

Die Ziege steht vor dem Streichelzoo unter dem Automaten für das Wildfutter und frisst die heruntergefallenen Körner.
„Guck mal, Nele", flüstert Sina aufgeregt.
„Die kleine Ziege da vorne ist bestimmt ausgebrochen. Wir sollten sie einfangen und zurückbringen, bevor sie wegläuft."
Jetzt sieht Nele die Ziege auch.
„Prima Idee! Das ist viel spannender als das Quiz!" Sie stopft den Zettel in den Rucksack.
„Aber dann bekommen wir keine Freikarten", jammert Sina enttäuscht.

„Vergiss die Freikarten, wir müssen die Ziege retten." Nele flüstert, damit sich die Ziege nicht vor ihnen erschreckt.
„Na gut, du hast ja recht. Am besten kreisen wir sie ein", schlägt Sina vor.
„Ich schleiche mich vorsichtig auf die andere Seite", sagt Nele. „Dann fangen wir die Kleine ein und bringen sie zurück zu den anderen." Sina ist einverstanden. Langsam pirschen sich die beiden an.

Die Ziege bemerkt die Mädchen gar nicht.
Sie ist viel zu sehr mit Fressen beschäftigt.
Als Sina so dicht dran ist, dass sie das Tier
fast berühren kann, breitet sie die Arme aus
und greift zu. Aber die Ziege ist schneller.
Sie macht erschrocken einen Satz nach
vorne und läuft Richtung Spielplatz davon.
„Ich hatte sie fast", schimpft Sina.

„Hinterher", ruft Nele. „Die kriegen wir noch."
Nele und Sina laufen los. Unterwegs treffen sie wieder die Frau mit dem Kinderwagen.
„Haben sie eine entlaufene Ziege gesehen?", fragt Nele aufgeregt.
„Ja." Die Frau nickt. „Die ist auf dem Spielplatz da hinten. Ich wollte gerade einen Tierpfleger holen."
„Gute Idee. Danke!" Nele und Sina rennen weiter. Als sie zum Spielplatz kommen, klettert die kleine Ziege gerade auf die Rampe der Holzburg. Sina will zu ihr laufen, aber Nele hält sie zurück.
„Warte noch", flüstert sie und holt ein Stück Apfel aus ihrer Brotdose. „Wenn sie oben ist, kann sie nicht mehr weglaufen. Dann können wir sie mit dem Apfel prima anlocken."

Nele hat recht. Über das Geländer auf der Burg kann die Ziege nicht flüchten. Sie ist ganz lieb, als Nele sie mit dem Apfel anlockt und füttert. Dann lässt sie sich sogar streicheln.
„So, jetzt musst du zurück zu den anderen", sagt Nele und krault die Ziege beruhigend.
Da kommt ein Tierpfleger auf den Spielplatz.

Er staunt, als er Nele und Sina mit der Ziege sieht.

„Das habt ihr toll gemacht", lobt er. „Die kleinen Ziegen sind wirklich schwer zu fangen. Manchmal suchen wir sie tagelang."

„Da haben wir Ihnen ja viel Arbeit erspart", sagt Nele und ist sogar ein bisschen stolz.

Zusammen gehen sie zum Streichelzoo und setzen die Ziege hinein. Sina blickt zur Uhr. Die Stunde ist schon um.

„Oje", sagt sie traurig. „ Wir müssen zurück. Frau Walter wartet sicher. Und mit den Freikarten wird es jetzt wohl nichts. Wir haben gar nicht alle Fragen beantwortet."

Die beiden gehen los, aber der Tierpfleger hält sie zurück.

„Moment, ich hab' noch was für euch."

Er holt zwei Familien-Freikarten für den Tierpark aus seiner Tasche und gibt sie den Mädchen.

„Der Tierpark bedankt sich für euren Einsatz", sagt der Tierpfleger feierlich. „Damit könnt ihr noch einmal vorbeikommen und sehen, wie es der kleinen Ziege geht. Sie heißt übrigens Milli."

„Vielen Dank", ruft Sina begeistert. „Das machen wir bestimmt."

„Dann haben wir ja jetzt trotzdem einen Preis bekommen", jubelt Nele. „Auch ohne das Quiz! Bis bald, Milli!"

Die Freundinnen winken der Ziege noch einmal und laufen dann schnell los. Denn schließlich haben sie Frau Walter und den anderen eine tolle Geschichte zu erzählen!

Lesequiz

1. **Wo fangen Nele und Sina mit den Quiz-Fragen an?**
   E: Am Streichelzoo
   B: Bei den Affen
   S: Bei den Kängurus

2. **Wer oder was hilft Nele und Sina bei den schweren Fragen?**
   T: Die Frau mit Kinderwagen
   R: Der Tierpfleger
   O: Die grünen Info-Schilder

3. **Womit füttert Nele die Ziege?**
   E: Mit Futter aus dem Automaten
   U: Mit einem Apfel
   O: Mit einem Müsliriegel

Lösungswort:

| B₁ | E | L | O₂ | H | N | U₃ | N | G |

Marius und der Wolf

Marius steht im Tierpark am Wolfsgehege. Durch den Zaun kann er das Rudel sehen. Die Tiere liegen träge unter den Bäumen und dösen. Aber ein junger Wolf steht auf und trabt zu Marius. Er schiebt die Schnauze durch den Zaun und schnuppert. Als er den Kopf zurückzieht, scheint er zu grinsen. „Hallo Nanuk", sagt Marius. So hat er den jungen Wolf genannt.

Marius ist oft hier, eigentlich jeden
Nachmittag. Dann kommt Nanuk zum
Zaun und begrüßt ihn.
Ein Tierpfleger stapft mit einem Eimer Futter
am Wolfsgehege vorbei.
„Nicht die Hand durch den Zaun stecken",
warnt er. Dann bleibt er stehen. „Der kennt
dich schon, vor allem deinen Geruch",
erklärt er und deutet auf Nanuk.
„Wölfe können sehr gut riechen
und Spuren verfolgen."

Wenn ich doch wenigstens einen Hund hätte, denkt Marius auf dem Heimweg. Den wünscht er sich schon lange. Aber seine Eltern wollen keinen Hund, weil ihnen das zu viel Aufwand ist. Dabei haben sie zu Hause einen Garten und dahinter ist ein großer Wald. Dort würde Marius jeden Nachmittag mit dem Hund spazieren gehen! Aber seine Eltern haben Nein gesagt. So ein Mist!
Die Wölfe aus dem Tierpark sind auch nicht mehr lange dort. Sie sollen im Bayerischen Wald freigelassen werden – das ist fast 100 Kilometer weit weg!

Am nächsten Tag muss Marius viele
Hausaufgaben machen. Es ist schon fast
Abend, als er in den Tierpark kommt.
Nanuk springt auf und läuft zum Zaun.
„Ich dachte schon, du kommst heute nicht
mehr", hört Marius eine Stimme in seinem
Kopf.
„Hey, wir sind doch Freunde", sagt er.
Dann kommt er sich komisch vor. Er kann
doch nicht mit einem Wolf sprechen!
Nanuk guckt wieder so lustig, als würde er
grinsen.
Der Tierpfleger bringt gerade einen Eimer
mit Futter ans Gehege.
„Morgen ist für alle der große Tag", sagt
er, „Wir bringen die Wölfe in den Wald und
lassen sie frei."
Marius gönnt Nanuk die Freiheit, aber er
ist trotzdem traurig.

Am nächsten Tag ist Marius lange in der
Schule. Dann die Hausaufgaben. Und das
Handballtraining. Da hat er nicht viel Zeit,
an den jungen Wolf zu denken.
Aber abends im Bett fällt ihm wieder ein,
dass heute ja Nanuks großer Tag war.
Bestimmt ist er zusammen mit den anderen
Wölfen begeistert in den Wald gestürmt!

Was er wohl jetzt macht? In der Dämmerung herumtollen? Oder sich etwas zu fressen suchen?

Marius hat eine Idee: Vielleicht kann er ja mit seinen Eltern einen Ausflug in den Bayerischen Wald machen und Nanuk treffen? Ob der Wolf Marius wiedererkennen würde?

Marius hat jetzt nachmittags viel Zeit.
Einmal geht er in den Tierpark. Aber das Wolfsgehege ist leer. Zwei Arbeiter bauen den Zaun ab und werfen die Rollen mit dem Maschendraht auf einen Anhänger.
Abends beim Essen merkt Papa, dass Marius bedrückt ist.
„Alles klar in der Schule?" fragt er.
„Klar ist alles klar", murmelt Marius.

Als er im Bett ist, hört er, wie Mama und Papa im Wohnzimmer noch lange miteinander reden und diskutieren.

„Wir haben noch einmal alles durchgesprochen", sagt Mama am nächsten Morgen beim Frühstück. „Weißt du was? Du kannst dir doch einen Hund aussuchen! Vielleicht gehen wir am Wochenende mal ins Tierheim." Marius ist sprachlos.
„Super, Wahnsinn", ruft er dann.
Aber seltsam: Als er auf dem Weg zur Schule ist, muss er immer an Nanuk denken. Weil der doch eigentlich sein Freund ist. So ein Quatsch, denkt Marius. Nanuk ist ein Wolf, der im Wald lebt, und kein Haushund, mit dem man spazieren geht und spielen kann.

Abends liegt Marius im Bett und kann nicht einschlafen. Er muss immer an den Hund denken, den er sich im Tierheim aussuchen darf. Und an Nanuk. Was der wohl jetzt macht? Marius setzt sich auf und guckt aus dem Fenster neben seinem Bett. Draußen dämmert es, zwischen den Büschen am Waldrand ist es schon ganz finster.
Da huscht etwas zwischen den Büschen entlang. Ist das etwa der Dachs, von dem Papa erzählt hat? Der kommt manchmal in den Garten und wühlt Löcher in den Rasen. Marius starrt zu den Büschen hinüber, aber dort ist nichts zu erkennen. Doch! Da bewegt sich etwas!
Marius schlüpft in seine Hausschuhe und schleicht zur Tür. Er will den Dachs unbedingt einmal sehen.

Leise, ganz leise öffnet Marius die Haustür.
Mama und Papa sollen nichts hören.
Draußen ist es noch ziemlich warm. Marius
huscht über die Terrasse und den Rasen
zu den Büschen am Waldrand. Vorsichtig
guckt er sich um. Hier ist nichts. Hat Marius
den Dachs vertrieben? Doch, da ist ein
Geräusch! Hinter dem Baumstumpf! Jetzt
wieder!

Marius wird das alles ein bisschen unheimlich. Da knackt es in den Zweigen direkt neben ihm. Er zuckt zusammen und fährt herum. Da ist etwas! Etwas Großes! Jetzt knackt es wieder und aus dem Busch kommt – Nanuk! Marius starrt den Wolf an. „Was machst du denn hier?", stammelt er, „ich dachte, du wärst …, du bist doch im Bayerischen Wald …"
Nanuk scheint wieder zu grinsen.
„Hey, wir sind doch Freunde", sagt die Stimme in Marius' Kopf. Nanuks Stimme. Der junge Wolf legt sich auf die Wiese und rollt sich herum. Dann richtet er sich auf. „Hast du Wurst?" fragt er und grinst wieder. „War ein ganz schöner weiter Weg bis hierher. Ich habe einen richtigen Wolfshunger."

Marius schleicht zurück ins Haus, in die Küche und an den Kühlschrank. Er sucht alle Wurst zusammen, die da ist. Viel ist es nicht. Deshalb nimmt er auch den Käse mit. Nanuk ist bis zur Terrassentür gekommen. Mit ein paar großen Happen ist alles aufgefressen.

„Das war gut, danke", sagt der Wolf. Marius hockt sich neben ihn und streicht Nanuk vorsichtig über den Kopf. Das Fell ist fest, aber irgendwie auch weich.

„Morgen Abend hole ich dich ab. Dann zeige ich dir den Wald", grinst Nanuk.

Am nächsten Morgen sitzt Marius mit Papa und Mama beim Frühstück. „Den Hund aus dem Tierheim, den will ich vielleicht später", sagt er.

„In Ordnung", sagt Papa und guckt Mama erstaunt an.

Marius weiß: Heute Abend wird Nanuk ihn abholen. Zusammen wollen die beiden Freunde den Wald erkunden, in dem der Wolf jetzt wohnt. Heute und immer wieder!

Lesequiz

1. **Welches Tier vermutet Marius nachts im Garten?**
   W: einen Dachs
   L: einen Wolf

2. **Marius hört Nanuks Stimme**
   O: in seinem Kopf.
   E: über einen Lautsprecher.

3. **Marius wünscht sich schon lange**
   L: einen Hund.
   F: eine Katze.

4. **Die Wölfe sollen**
   F: in den Bayerischen Wald.
   Z: auf eine Nordseeinsel.

Lösungswort:

Der Drachenwald

Es ist ein schöner, sonniger Nachmittag. Der Himmel ist blau und die Luft ist warm. Jenny und Laura reiten heute das erste Mal ganz allein mit ihren beiden Ponys Krümel und Zora aus. Bisher waren sie immer nur in der Gruppe und mit ihrem Reitlehrer unterwegs. Jenny ist ganz schön aufgeregt. Hoffentlich geht alles gut.

Plötzlich bleibt Pony Zora stehen und spitzt die Ohren. In der Ferne donnert es. Jenny blickt besorgt zum Himmel hinauf. Am Horizont türmen sich erste graue Wolken. „O nein", sagt sie. „Da hinten zieht ein Gewitter auf. Lass uns lieber zurückreiten. Sonst werden wir noch nass."

„Och nö!" Laura hält ihr Pony an und macht ein langes Gesicht. „Der Ausritt ist gerade so schön. Sei doch kein Angsthase!"

„Sei vernünftig, Laura", bettelt Jenny. „Du weißt doch, dass Zora keine Gewitter mag."
„Na gut, dann lass uns aber durch den Wald reiten, damit wir schneller zu Hause sind", sagt Laura mürrisch und verdreht die Augen.
„Durch den Drachenwald?", fragt Jenny und runzelt die Stirn.
Oma hat Jenny einmal erzählt, dass in dem Wald vor langer Zeit Drachen gelebt haben. Eigentlich weiß Jenny, dass das nur eine alte Legende ist. Drachen gibt es gar nicht. Sie ärgert sich, dass sie wieder mal so ein Angsthase ist. Laura ist immer viel mutiger.

In der Ferne poltert es wieder. Diesmal lauter. Die beiden Islandponys werden unruhig. Zora schnaubt und schüttelt unwillig den Kopf. Krümel wiehert und tänzelt ein paar Schritte zurück. Jenny klopft ihm zur Beruhigung den Hals. „Komm schon, Laura", drängelt sie. „Das Gewitter kommt näher. Lass uns umdrehen. Ich habe keine Lust, Krümel den ganzen Weg zum Reiterhof am Zügel zu führen."
Ein erneuter Donner überzeugt nun auch Laura. Sie wendet ihr Pony.
„Ab nach Hause, Zora", ruft sie. Schnell wie der Wind reiten die beiden Mädchen über den holprigen Feldweg. Bald darauf erreichen sie den Wald.

An schönen Tagen sind hier immer viele Spaziergänger und Radfahrer unterwegs. Aber heute ist es still – sehr still. Kein Mensch ist zu sehen und kein Vogel zwitschert in den Baumkronen. Der Waldboden ist vom Regen der letzten Tage aufgeweicht. Auf dem Weg liegen viele Äste und Zweige. Laura und Jenny zügeln ihre Ponys.
Sie reiten vorsichtig weiter, damit die Tiere nicht stolpern.

Im Unterholz knackt und raschelt es.
Jenny denkt wieder an Omas Geschichte
und gruselt sich. Plötzlich springt ein
Reh über den Weg und läuft davon.
Zora wiehert und scheut ein wenig.
„Ganz ruhig, Zora", hört
Jenny Laura sagen.

Krümel bleibt dafür ganz ruhig. Als er einen Strauch mit leckeren Blättern entdeckt, bleibt er einfach stehen, um zu fressen. „Dafür ist jetzt keine Zeit", schimpft Jenny und zieht am Zügel. Aber Krümel ist das egal. Er frisst einfach weiter. Jenny seufzt und steigt ab.

Da erhellt plötzlich ein Blitz den Wald.
„O nein, das Gewitter ist direkt über uns",
ruft Jenny. „Wir müssen schnell hier weg!"
„Einundzwanzig, zweiundzwanzig,
dreiundzwanzig …", zählt Laura laut. Als
sie bei einunddreißig angekommen ist,
grollt ein Donner. „Ganz ruhig, das Gewitter
ist noch fast drei Kilometer weit weg."
„Woher weißt du das?", fragt Jenny.
„Aus der Schule", erklärt Laura und grinst.
Drei Kilometer sind nicht viel, findet Jenny.
Aber Laura soll nicht merken, dass sie
Angst hat.
Jenny schafft es endlich, Krümel vom
Strauch wegzuzerren. Sie steigt wieder auf.
In der Ferne grollt es erneut. Doch da ist
noch etwas anderes.

Ein seltsames Geräusch hallt durch den Wald. Es hört sich an wie ein Fauchen und Rauschen.

„Was ... ist ... das ...?" fragt Jenny stotternd. War das vielleicht das Schnauben eines Drachen?

„Keine Ahnung", murmelt Laura. „So etwas habe ich noch nie gehört."

Die beiden lauschen. Erst passiert nichts, dann hallt wieder ein Fauchen durch den Wald. Aber diesmal viel näher und lauter. Vor ihnen in den Baumwipfeln raschelt es. Dann rieseln Tannennadeln herab. Zora erschreckt sich fürchterlich. Das Pony reißt den Kopf hoch und macht einen Satz zur Seite. Laura schreit auf. Sie verliert das Gleichgewicht und rutscht aus dem Sattel. Zora galoppiert über den Waldweg davon.

„Zora, bleib hier", ruft Laura. Aber das Pony läuft einfach weiter.
„Das darf doch nicht wahr sein!", schimpft Laura, rappelt sich auf und rennt los.
Jenny und Krümel traben hinterher. Über ihnen faucht es wieder.
Jenny stellt sich vor, wie ein riesiger Drache über den Wald hinwegfliegt. Seine Flügel streifen die Tannenwipfel. Der Gedanke ist echt gruselig.

„Das ist doch Unsinn", schimpft Jenny laut mit sich selbst. „Drachen gibt es nur im Märchen."

Als sie Laura eingeholt hat, ist von der Stute weit und breit nichts zu sehen.

„Was machen wir denn jetzt nur", ruft Laura verzweifelt. „Und wenn Zora etwas passiert?"

Als Jenny merkt, wie viel Angst ihre Freundin hat, wird sie selbst plötzlich ganz ruhig.

„Keine Sorge, wir finden sie schon wieder. Steig bei mir auf, dann sind wir schneller."

„Danke", murmelt Laura und klettert hinter Jenny auf Krümels Rücken.

Sie reiten weiter und rufen nach Zora. Jenny zwingt sich, nicht weiter an den Drachen zu denken. Sie muss sich jetzt um ihre Freundin kümmern. Sie hat keine Zeit für Angst!

Da schallt ein Wiehern durch den Wald.

„Da ist Zora!", ruft Laura. „Ich sehe sie, da vorn am Waldrand."

Als sie Zora erreichen, trauen die Mädchen ihren Augen nicht: Auf der Wiese vor dem Reiterhof steht ein großer Heißluftballon. „Die Ballonfahrer sind hier sicher wegen des Gewitters gelandet und der Ballon macht diese komischen Geräusche", lacht Jenny. Von wegen Drachen!
Laura hat Zora mittlerweile wieder eingefangen und sieht sehr erleichtert aus. Staunend sehen die Mädchen zu, wie die riesige Ballonhülle langsam in sich zusammensinkt. Da fängt es an zu regnen.

"Lass uns schnell zum Stall reiten", sagt Jenny. Die beiden Mädchen galoppieren zum Reiterhof hinüber. Nachdem sie Krümel und Zora abgesattelt haben, gibt es für die beiden Ponys noch eine Karotte.
"Jenny, du bist gar kein Angsthase", sagt Laura leise und schaut sie an. "Danke, dass du so ruhig geblieben bist."
Jenny freut sich. Im richtigen Moment hat sie ihre Angst besiegt und war für ihre Freundin da!

Lesequiz

1. **Warum reiten Jenny und Laura in den Drachenwald?**
R: Im Schatten ist es nicht so heiß.
B: Der Rückweg ist kürzer.
A: Dort sind weniger Menschen.

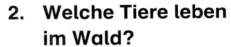

2. **Welche Tiere leben im Wald?**
E: Kobolde
L: Rehe
O: Drachen

3. **Wie nennt man ein Unwetter mit Blitz und Donner?**
E: Sturm
N: Gewitter
S: Schauer

Lösungswort:

	A		L	O		
1		2			3	

Das Herz des Berges

Heute wollen Moritz und seine Eltern ein Edelstein-Museum und ein altes Bergwerk besichtigen. Superspannend, findet Moritz! Auch der Museumswärter freut sich, dass sie kommen. Er zeigt ihnen Bergkristalle und Achate. Moritz hat seine neue Kamera dabei und fotografiert alles.

„Leider wird das Museum bald geschlossen", sagt der Wärter und schüttelt bekümmert den Kopf. „Es kommen einfach zu wenige Besucher." Moritz ist traurig. Er möchte gerne helfen, weiß aber nicht, was er dagegen tun kann.

Jetzt geht es ins Bergwerk. Eine Führerin begrüßt sie am Eingang. Der Schacht führt schräg in die Tiefe und sieht ein bisschen unheimlich aus.

„Bitte alle zusammenbleiben", sagt die Führerin. Sie kennt den Weg unter der Erde und kann erzählen, wie Menschen hier früher nach Edelsteinen geschürft haben.

Vom Hauptgang zweigen kleine Nebengänge ab. Es ist ein richtiges Labyrinth unter der Erde. In den Wänden sitzen Rauchquarze und violette Edelsteine. Mit seinem Blitzlicht kann Moritz alles fotografieren.

„Nach einer alten Sage fanden Zwerge in den Tiefen dieses Berges einst einen großen Edelstein", erzählt die Führerin.

„Dieser Stein war heller und reiner als alles, was sie jemals gesehen hatten. Sie nannten ihn ‚Herz des Berges'," erzählt die Führerin. „Später haben viele Menschen nach diesem Stein gesucht. Denn er ist unglaublich kostbar. Aber bisher hat ihn niemand gefunden."

Moritz probiert mit seiner Kamera herum: Kann er die Edelsteine auch im Dunkeln fotografieren? Oder im Licht seiner kleinen Taschenlampe? Er leuchtet in einen Nebengang. Auch hier schimmern Kristalle in der Wand. Neugierig betritt Moritz den Gang.

Weiter hinten zweigt ein weiterer Nebengang ab. Moritz entdeckt einen violetten Kristall in der Wand. Den will er auch noch fotografieren. Da merkt er, dass die Gruppe schon weitergegangen ist. Im Licht der Taschenlampe will er schnell zurück zum Hauptgang. Das war doch ganz einfach! Einmal links, einmal rechts! Aber da ist kein Hauptgang. Nur ein enger Stollen, in dem er noch nicht war. Moritz' Herz beginnt wild zu pochen.

Jetzt hört er in der Ferne Stimmen, als ob jemand nach ihm ruft. Moritz hastet los, das Licht der kleinen Taschenlampe tanzt über die kalten Felsen.

Der Gang gabelt sich nach links und nach rechts. Moritz bleibt keuchend stehen und horcht, aber das Rufen ist verstummt. Kein Laut ist in der Dunkelheit zu hören, nur sein Herz pocht in seinem Hals. Moritz hat sich im Labyrinth unter dem Berg verlaufen!

„Hallo, hallo", brüllt Moritz so laut er kann. Dann horcht er. Aber alles bleibt still. Mit der Taschenlampe leuchtet Moritz den Boden ab. Vielleicht kann er seinen Spuren zurück zum Hauptgang folgen? Aber auf dem harten Fels ist nichts zu erkennen. Panik steigt in ihm auf. Jetzt nur ganz ruhig bleiben!
An der Wand des Ganges glitzern Kristallnester im Licht der Lampe. Die sind geformt wie Fußabdrücke. Da ist noch einer! Wie eine Spur in der Wand. Ob das ein Zufall ist? Oder ist das vielleicht der Hinweis auf einen geheimen Weg durch den Berg? Moritz folgt der Spur langsam. Jetzt flackert die Taschenlampe. Er schüttelt sie verzweifelt – sie darf nicht ausgehen!

Ist da ein Geräusch? Wie fernes Hämmern?
Moritz schleicht leise weiter.
Der Gang öffnet sich zu einer Höhle.
Wassertropfen fallen von der Decke und
landen mit einem dumpfen „Plopp" auf dem
Fels. Die Kristallspur an der Wand führt ihn
in einen neuen Gang. Abermals flackert
die Taschenlampe, einmal, zweimal – und
erlischt. Moritz schüttelt sie, aber vergeblich.
Alles dunkel!

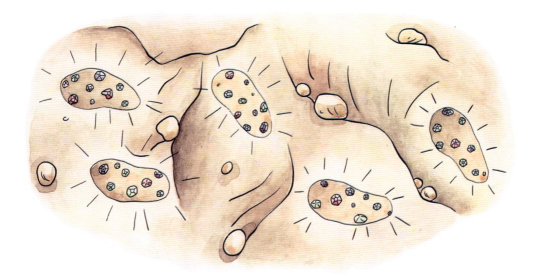

Aber schimmert da nicht vor ihm etwas leicht in der Dunkelheit? Moritz tastet sich vor – links – rechts – mit jedem Schritt wird der Schein heller. Dann steht Moritz in einer kleineren Höhle.

Auf einem Geröllbrocken liegt ein Edelstein, weiß wie Schnee. Er leuchtet und blitzt so hell, dass Moritz sich eine Hand vor die Augen halten muss. Er hebt den Stein auf. Der ist wunderschön, aber auch ganz schön schwer. Doch er muss ihn einfach mitnehmen!

Jetzt spürt Moritz einen Luftzug von vorn. Ist da ein Ausgang? Mit dem Stein in der Hand läuft Moritz weiter, fast rennt er. Und wirklich: Vor ihm klafft ein Riss im Gestein, zu eng für einen Erwachsenen, aber Moritz kann sich hindurchzwängen.

Er kommt am
Berghang heraus,
ringsum ist
Wald. Weiter
weg hört er
Stimmen.
„Mama, Papa,
ich bin hier!"
ruft er und rennt
den Abhang hinauf.
Mama nimmt Moritz ganz fest in den Arm
und drückt ihn.
„Wir wollten schon einen Suchtrupp
losschicken", sagt Papa. Moritz kann sehen,
wie erleichtert er ist.
„Ihr glaubt nicht, was ich gefunden habe",
sagt Moritz und zieht den Edelstein aus
der Tasche. Im Sonnenlicht schimmert und
funkelt er in allen Farben des Regenbogens.

Moritz fährt mit seinen Eltern zurück zum Museum.

„Ich möchte Ihnen etwas geben", sagt er zu dem alten Wärter. Im Raum wird es heller, so stark funkelt der Stein in seiner Hand.

„Das Herz des Berges", flüstert der Wärter. Er nimmt den Stein und betrachtet ihn ehrfürchtig. „Menschen aus der ganzen Welt werden zu uns kommen, um ihn zu sehen. Das Museum ist gerettet!"

Moritz ist doppelt froh: Er kann weiter das Museum besuchen und ist nicht mehr allein im Bergwerk. Glück gehabt!

Lesequiz

1. **Im Museum gibt es**
L: ausgestopfte Tiere.
M: alte Gemälde.
S: Edelsteine.

2. **Der alte Museumswärter ist traurig,**
K: weil er so viel arbeiten muss.
G: weil er seinen Stift verloren hat.
O: weil das Museum schließen muss.

3. **Das „Herz des Berges" ist**
L: ein Edelstein.
U: ein Lebkuchenherz.
V: ein Springbrunnen im Berg.

Lösungswort:

S	T	O	L	L	E	N
1		2		3		

Glück im Unglück

„Stell Mamas Lieblingsvase hier ab", sagt Papa. „Hier steht sie sicher."
„Okay." Lisa setzt die Vase auf den Boden und plumpst auf einen Stuhl. Aber der wackelt und Lisa steht schnell wieder auf.

„Da fehlt ja eine Schraube", sagt sie.
„Wo ist die denn hin?", fragt Papa und blickt suchend über den Hof. „Ach egal. Die taucht schon wieder auf." Er zwinkert Lisa zu.
„Super, dass du mir hilfst", sagt er. Lisa ist eigentlich froh, dass durch den Umzug so viel zu tun ist. In der neuen Stadt kennt sie noch niemanden.
Ob sie hier schnell neue Freunde findet?

„Habt ihr Sperrmüll?" Eine Stimme schallt über den Hof. Lisa dreht sich um. Auf der Straße steht ein Mädchen. Sie trägt Helm und Handschuhe und hat einen Rucksack mit einem Skateboard auf der Schulter. Ganz schön cool sieht sie aus.

„Wieso?" fragt Lisa.

„Der kaputte Stuhl, das hässliche Ding da ..." Das Mädchen lacht und zeigt auf die große Vase. „Sieht mir ganz nach Sperrmüll aus."

„Sag das bloß nicht meiner Mutter. Das ist ein Geschenk von Oma." Lisa verzieht das Gesicht.

„Und Sperrmüll haben wir auch nicht. Nur einen langweiligen Umzug. Wir sind gestern hier eingezogen", sagt Lisa und hofft, dass es lässig genug klingt.

„Komm doch mit zur Skaterbahn", schlägt das Mädchen vor. „Da ist es gar nicht langweilig!"

Lisa schüttelt den Kopf.

„Ich kann leider nicht skaten." Im nächsten Moment ärgert sie sich, dass sie das gesagt hat. Wie uncool!

„Ach, das ist gar nicht schwer." Das Mädchen lässt nicht locker. „Ich zeig's dir. Wir können ja ein bisschen auf eurem Hof üben."

„Okay", sagt Lisa. „Ich probiere es."

„Super! Ich bin übrigens Hanna", stellt sich das Mädchen vor.

„Und ich heiße Lisa", antwortet Lisa schnell.

Hanna ist schon gut ausgerüstet. Sie trägt einen coolen Helm und sogar Handschuhe. „Einen Helm brauchst du auch auf jeden Fall", sagt Hanna zu Lisa. „Zur Sicherheit." Lisa nickt. Sie hat eine Idee! Schnell holt sie ihren Fahrradhelm aus der neuen Garage und setzt ihn auf. Ihre Winterhandschuhe liegen zum Glück schon in der Garderobe. Dann kann es losgehen.

Hanna steigt auf das Board und breitet die Arme aus.

„Wenn du sicher stehst, kannst du mit einem Bein etwas Schwung geben – etwa so…"

Hanna stößt sich ab und rollt über den Hof.

„Und wenn du dich beim Rollen etwas zur Seite neigst, kannst du auch Kurven fahren."

Hanna hält an und steigt ab.

„So, jetzt du", sagt sie und schiebt Lisa das Board hin.

Vorsichtig stellt sich Lisa auf das Skateboard. Ganz schön wackelig, aber Lisa kann das Gleichgewicht halten. Sie will sich nur nicht blamieren. Aber auch das Anfahren klappt. „Super", lobt Hanna, während Lisa langsam auf dem Hof hin und her rollt. „Du bist ja ein Naturtalent. Jetzt zeige ich dir, wie du schneller fahren kannst."

Sie stellt sich mit einem Fuß auf das Board und stößt sich ein paar Mal kräftig vom Boden ab. Dann ist Lisa wieder dran.

„Juhu, das macht Spaß", jubelt sie und saust auf dem Hof hin und her.

Plötzlich passiert es: Ohne Vorwarnung stoppt das Board mitten auf dem Hof. Lisa verliert das Gleichgewicht, fällt nach vorne und landet unsanft auf dem Boden.

Dabei gibt sie dem Skateboard einen Schubs nach hinten. Wie ein Pfeil saust es über den Hof, genau auf Mamas Vase zu.
Dann – klirr – ist die Vase kaputt.
„O nein!" Lisa starrt fassungslos auf die Scherben. „Habe ich doch gesagt, ich kann das nicht."
Hanna hebt etwas vom Boden auf.
„Blödsinn! Du bist über die Schraube hier gefahren", sagt sie und fragt besorgt: „Tut dir etwas weh?"
Lisa schüttelt den Kopf.
„Nee, mir ist nichts passiert."

„Im Gegensatz zur Vase", sagt
Hanna und zeigt auf die Scherben.
„So ein Mist." Lisa schluckt. „Wie soll ich das
bloß meiner Mutter erklären?"
„Denkst du, dass sie sehr böse sein wird?",
fragt Hanna. Sie sieht jetzt auch ein bisschen
ängstlich aus.
Da hat Lisa eine Idee.
„Warte, ich bin gleich zurück." Sie saust
ins Haus und kommt
mit einer großen Tube
mit der Aufschrift
‚Alleskleber' zurück.
„Der hält 100 Jahre, sagt mein
Vater immer", erklärt Lisa. Dann
fangen sie an zu arbeiten.
Nach einer halben Stunde ist die Vase
wieder zusammengeklebt.
„Nicht so schön wie vorher", sagt Hanna.
„Aber nicht schlecht!"

„Die war vorher auch nicht schön", sagt Lisa grinsend.
„Wer war nicht schön?"
Lisas Mutter steht auf dem Hof.
„Ja, ähm …", stammelt Lisa. Ihr wird ganz heiß.

Da entdeckt ihre Mutter die Vase.
„Was ist denn mit der passiert?"
„Das war meine Schuld", erklärt Hanna kleinlaut. „Ich habe Lisa mein Skateboard geliehen. Sie ist hingefallen und dann…"
„Oje", sagt Lisas Mutter. „Ist dir was passiert?"
„Nein." Lisa schüttelt den Kopf. Mama lacht.
„Wie habt ihr die Vase denn repariert?"

„Mit Papas Alleskleber", sagt Lisa leise. „Tut uns ehrlich leid."

„Macht nichts. Ich mag die Vase sowieso nicht." Lisas Mutter zwinkert den beiden Mädchen zu.

„Aber ich mag sie", sagt Lisa. „Durch sie habe ich nämlich Hanna kennengelernt." Sie grinst ihrer neuen Freundin zu. „Und das ist wirklich toll."

Lesequiz

1. **Was fehlt an dem kaputten Stuhl?**
   T: Lehne
   K: Schraube

2. **Wer hat Mama die Vase geschenkt?**
   A: Papa
   E: Oma

3. **Warum fällt Lisa hin?**
   P: Ihr wird schwindelig.
   T: Sie fährt über eine Schraube.

4. **Wie lange hält der Alleskleber?**
   F: 100 Jahre
   R: 10 Jahre

Lösungswort:

| K₁ | L | E₂ | B | S | T₃ | O | F₄ | F |

Der Schatz des Drachen

Johannes ist Page bei Ritter Archibald von Lohenstein. Er hilft seinem Herrn dabei, die Rüstung anzulegen, versorgt sein Pferd und übt das Lanzenstechen. So lernt Johannes das edle Ritterhandwerk.
Gerade sind sie auf dem Weg zur Burg Grafenstein. Da beginnt heute Nachmittag ein großes Turnier. Das Preisgeld können sie sehr gut gebrauchen, denn wieder einmal sind ihre Satteltaschen leer und sie haben keinen einzigen Taler mehr übrig. Johannes muss sogar auf einem Esel reiten, weil Pferde so viel Gold kosten! Und seit Stunden knurrt sein Magen vor Hunger.
„Was ist das Wichtigste für einen Ritter", fragt Johannes, während sie reiten, „die Rüstung, das Schwert oder das Pferd?"

„Nichts davon", sagt Archibald. „Drei Tugenden muss ein Ritter besitzen: Er ist tapfer, er ist hilfsbereit und er, äh, weiß, wann er draufhauen muss!"

Jetzt kommen sie zu einem Gasthaus. Ein paar Bauern sitzen davor.

„Reitet besser nicht in den verbotenen Wald, edler Ritter", rufen sie. Aber Archibald lässt sich nicht beeindrucken.

„Abergläubische Gesellen", raunt er Johannes zu.

Der denkt sehnsüchtig an warmen Eintopf. Aber sie reiten weiter.

Plötzlich springt ein Mann vor ihnen auf den Weg.
„Wohin so schnell?", ruft er. Archibald greift nach dem Schwert. Da erheben sich aus den Büschen zerlumpte Gestalten: Räuber!
„Runter vom Pferd und die Taschen leeren", rufen sie und lachen höhnisch.
Die Räuber durchsuchen die Satteltaschen, aber die sind ja leer.
„Ihr habt ja gar nichts dabei", ruft ihr Anführer. Die Räuber beraten sich kurz. Dann müssen Archibald und Johannes wieder aufsteigen, die Hände werden ihnen gefesselt.

Zwischen den Bäumen ist es dunkel. Sind sie hier nicht im verbotenen Wald, vor dem die Bauern sie gewarnt haben? Sie kommen zu einem hohen Felsen. Aus einer Spalte steigt Rauch in die Höhe. Der Anführer packt Johannes am Kragen.
„Du kriechst hinein und wirfst alles heraus, was glitzert," knurrt er. „Ansonsten geht es deinem Herrn schlecht!". Mit einem Dolch durchtrennt er Johannes' Armfesseln: „Na los!"

Johannes denkt an die erste Rittertugend: Tapferkeit. Er holt tief Luft und zwängt sich durch die enge Spalte im Felsen. Von draußen reicht ihm ein Räuber eine Fackel. Das flackernde Licht erhellt einen niedrigen Gang, der tiefer in den Berg führt. Es riecht komisch, nach Schwefel. Langsam kriecht Johannes in die Dunkelheit. War da nicht ein Geräusch? Nein, das sind nur ein paar Wassertropfen, die von der Decke fallen.

Jetzt öffnet sich der Gang in eine Höhle. Alles ist finster. Nur der Geruch wird immer stärker und beißt Johannes in den Augen. Aber dort, dort leuchtet etwas in der Dunkelheit. Johannes hebt die Fackel. Dann schreckt er mit einem Schrei zurück. Es sind zwei leuchtend gelbe Augen. Die Augen gehören zu einem Kopf. Was ist das nur? Ein Tier?

Ein Drache starrt ihn an. Er liegt auf einem Schatz aus Goldmünzen, Pokalen und Edelsteinen.

„Wer bist du?", grollt die Stimme des Drachen.

Johannes verneigt sich zitternd.

„N-N-Nur ein einfacher Page", sagt er.

„Seit langer, langer Zeit wache ich über diesen Schatz", sagt der Drache. „Ein Magier fing mich, als ich jung war, und sperrte mich in den Berg. Dann verschloss er das Tor mit Zaubersprüchen und ließ mich als Wächter zurück", grollt er.

Jetzt tut der Drache Johannes leid. Er muss an die zweite Rittertugend denken: Hilfsbereitschaft!

„Ich werde dich befreien!" sagt er, bückt sich und nimmt ein Goldstück. „Ich komme gleich zurück!"

Johannes tastet sich durch den Gang zurück zur Felsspalte. „Hier ist eine große Kiste. Gebt

mir das Schwert herunter, damit ich sie öffnen kann", ruft er und wirft das Goldstück hinaus.

Die Räuber jubeln vor Freude. Sie werfen das Schwert hinab, klirrend fällt es Johannes vor die Füße. Er nimmt es: das Schwert seines Herrn, das Schwert eines Ritters!

Mit dem Schwert in der Hand klettert Johannes in die Höhle zurück. Der Drache beobachtet ihn.
„Willst du das Schwert gegen mich erheben, Page?" wütet er.
Johannes schüttelt den Kopf:
„Zeig mir das verschlossene Tor."
Der Drache erhebt sich von seinem Schatz. Edelsteine prasseln über den Boden, als er langsam zu einer Wand kriecht.

„Sieben geheime Sprüche sichern dieses Schloss, nur sieben Schlüssel aus Glas können es öffnen", grollt der Drache.

„Mal abwarten", sagt Johannes. Er erinnert sich an die dritte Tugend, die mit dem Draufhauen. Er schwingt das Schwert und schlägt mit aller Kraft auf das Schloss. Blaue Funken spritzen – aber das Schloss hält. Immer wieder schwingt Johannes das Schwert. Als er es zum siebten Mal auf das Schloss schmettert, zuckt ein Blitz durch die Höhle, heller als die Sonne. Die Torflügel fallen krachend nach draußen.

Der Drache starrt ungläubig hinaus ins Freie. Der Himmel ist blau, Vögel singen. Er tappt an den Torflügeln vorbei, erst langsam, dann immer schneller. Edelsteine prasseln aus seinem Panzer auf die Erde. Die Drachenschwingen entfalten sich. Mit einem tiefen Heulen wie Donnergrollen bei einem Gewitter erhebt sich der Drache hoch in die Luft.

Aber sofort kehrt er zurück. Die Wipfel
der Bäume neigen sich wie bei einem Sturm.
Von der Seite hört Johannes die Räuber
schreien. Er umfasst das Schwert und läuft
um den Felsen herum. Die letzten Räuber
verschwinden gerade im Wald. Sie kreischen
vor Angst. Nur Archibald ist noch da,
gefesselt. Johannes durchtrennt die Stricke
mit dem Schwert.

Da rauscht es in der Luft und der Drache landet vor ihnen. Er ist wirklich riesengroß. „Wie ist dein Name, Page?" fragt er jedoch freundlich.

„Jo-Johannes", antwortet dieser.

„Dann sollst du ab sofort ‚Drachenfreund' heißen", sagt der Drache und erhebt sich wieder in die Luft. Majestätisch fliegt er davon. „Ich kenne keinen Ritter, der einen Drachen zum Freund hat", lobt ihn Archibald. Er deutet auf die Edelsteine am Boden.

„Und arm sind wir auch nicht mehr! Auf zum Gasthaus, ich brauche dringend einen warmen Eintopf!"

Lesequiz

1. Johannes ist
M: Page.
N: Ritter.
O: Räuber.

2. Die zweite Rittertugend ist
S: Schnelligkeit.
T: Freigebigkeit.
U: Hilfsbereitschaft.

3. Welchen Namen gibt der Drache Johannes?
T: Drachenfreund
U: Ritterheld
V: Schatzsucher

Lösungswort:
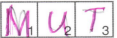

Ballett macht Spaß

„Julia – Kopf hoch! Sophia – zieh den Bauch ein. Lächeln, Kira, lächeln! Denk dran: Ballett macht Spaß", ruft Anna, die Ballettlehrerin.
Beim Training in der kleinen Sporthalle ist heute richtig viel los.

In zwei Tagen wollen die Mädchen ihr neues Ballettstück aufführen. Dafür muss alles perfekt sein.

Anna, die Ballettlehrerin, prüft jeden Schritt und jede Haltung ganz genau. „Streck das Knie ganz durch!", mahnt sie, als Marie das Bein anhebt.

Marie nickt und hebt das Bein noch ein wenig höher.

„Ja, sehr schön", lobt Anna. „Willst du am Sonntag nicht doch das Solo tanzen?" Aber sie weiß schon, dass Marie wieder nein sagen wird. In den neuen Spitzenschuhen fühlt sich jeder Schritt komisch an, findet Marie. Bisher haben die Mädchen immer in Schläppchen geprobt. Aber für die Aufführung am Sonntag möchte die Lehrerin, dass sie Spitzenschuhe tragen.

Seit vier Tagen trainieren alle mit den neuen Schuhen. Damit können sie auch Relevé tanzen. Marie liebt diese Stelle in der Aufführung.

Sie findet es schön, sich auf die Fußspitzen zu erheben und sich dann zu drehen. Die Figur ist neu und sehr anstrengend. Die anderen Mädchen finden das nicht so toll. Auch Maries beste Freundin Kira hat Probleme.

„Lächeln, Kira", mahnt Anna.

„Aber das geht nicht." Kira hört auf zu tanzen. Sie setzt sich an den Rand und reibt ihre Knöchel. „Mir tun die Füße weh."

„Mir auch", jammert Julia. Sophia setzt sich einfach hin und stöhnt.

„Also gut", sagt Anna und schaltet die Musik aus. „Dann machen wir für heute Schluss. Bitte denkt daran: Morgen ist unsere Generalprobe. Da muss jeder Schritt sitzen."
Marie nickt, aber Kira seufzt.
„Marie, du hast gut reden", jammert sie und zieht ihre Spitzenschuhe aus.
„Bei dir sieht das alles kinderleicht aus. Aber wie soll das bei mir gehen, mit diesen Blasen!" Marie betrachtet Kiras linken Fuß. Tatsächlich. An der Ferse und am großen Zeh leuchten dicke rote Stellen.
„Warum willst du nicht das Solo tanzen, Marie?", fragt Kira. „Dann fallen wir anderen alle nicht so auf." Sie lacht.
Aber Marie lächelt nur. Sie ist einfach viel zu schüchtern, um so ganz allein im Scheinwerferlicht zu stehen. Nein, danke!

Ballett macht hungrig. Nach dem Training fährt Marie mit dem Rad zum Bäcker und kauft sich etwas zu essen. Mit einem Brötchen in der Hand radelt sie weiter.
Als sie gerade abbeißen will, läuft ein kleiner Hund auf den Radweg. Marie muss ausweichen.
Rumps!
Das Rad prallt gegen eine Bank und Marie stürzt. Das Brötchen fällt ihr aus der Hand und kullert über den Radweg. Der kleine Hund kläfft freudig, schnappt sich die Beute und rennt davon.
„So ein Mist", denkt Marie. Sie steht auf und guckt Hund und Brötchen hinterher. Dann hebt sie ihr Rad auf. Doch als sie aufsteigen will, tut ihr Knie richtig weh.

Marie stellt das Rad ab und setzt sich auf die Bank. Dann betrachtet sie ihr Bein. Die Hose ist zerrissen. Das Knie ist voller Schrammen und blau wird es auch.
O weh, das sieht nicht gut aus, denkt Marie. Humpelnd schiebt sie ihr Rad nach Hause. „Du musst das Knie kühlen", sagt Mama, als Marie endlich angekommen ist. „Damit es nicht so dick wird." Sie gibt ihrer Tochter einen Eisbeutel.

„Zu spät", antwortet Marie kleinlaut. „Es ist schon dick."

„Radfahren und Essen zugleich – das geht eben nicht", sagt Mama.

„Hab ich auch gemerkt", murmelt Marie. „Ich mach das nie wieder."

Sie will aufstehen, aber das tut ganz schön weh.

„Die Ballettprobe morgen fällt für dich jedenfalls aus", sagt Mama und schaut sie besorgt an.

„Und was ist mit der Aufführung am Sonntag?", fragt Marie. „Bin ich da wieder fit?"

„Das ist ja erst in zwei Tagen", meint Mama zuversichtlich.

Mama hat recht. Am Sonntag kann Marie ihr Knie wieder bewegen. Mit Mama und Papa fährt sie zur Aufführung. Sie sind spät dran. Papa sucht sich einen Platz vor der Bühne. Mama geht mit Marie in die Garderobe zu den anderen Mädchen und hilft ihr beim Anziehen des Tutus.
„Wo ist meine Haarspange?"
„Ich bin ja so aufgeregt!"
Alle reden hektisch durcheinander.

„Aufstellung bitte!", ruft Anna über den Lärm. „Wir fangen gleich an."
Alle Mädchen sind auf der Bühne.
Marie steht zwischen Kira und Sophie. Ihr Herz pocht wie wild. Marie überlegt, ob Kira das wohl hören kann. Da hebt sich der Vorhang und Marie schaut sich um. So viel Publikum! Damit hat sie nicht gerechnet. Sie entdeckt Papa. Er sitzt ganz vorn in der ersten Reihe, gleich neben Anna. Papa hebt den Daumen und lacht.
Die Musik beginnt und es geht los.
Marie tanzt. Sie vergisst ihr Knie und die vielen Menschen. Sie ist glücklich. Es ist so schön, auf der Bühne zu stehen. Alles klappt perfekt.

Am Schluss kommt die Stelle mit dem Relevé. Anmutig hebt sich Marie auf die Fußspitzen und tanzt im Kreis. Doch was ist das? Kira, Julia und Sophie tanzen auch. Aber nicht das Gleiche wie sie! Marie wird ganz heiß, aber sie tanzt einfach weiter. Anna fuchtelt wild mit den Armen. Aber das Publikum klatscht Beifall. Es ist begeistert. Die Mädchen verbeugen sich. Dann ist die Aufführung vorbei.

Mama wartet schon hinter der Bühne. Sie lacht und klatscht.

„Du hast ja ein Solo getanzt", sagt sie stolz. „Das war so schön."

„Eigentlich war das kein Solo", flüstert Marie kleinlaut.

In dem Moment kommt Anna.

„Das hast du wirklich gut gemacht", lobt sie. „Du hast zwar etwas ganz anderes getanzt als die anderen, aber es sah wirklich super aus."

„Aber warum?" Marie ist verwirrt. „Ich kenne doch die Schrittfolge. Was ist passiert?"
Anna zeigt auf Maries Schuhe.
„Du trägst Spitzenschuhe", sagt sie und grinst. „Die anderen haben Schläppchen an. Ich habe die Schritte gestern bei der Generalprobe geändert. Wegen der Blasen. Der Spitzentanz ist rausgefallen. Und du hast doch das Solo getanzt!"

Marie blickt betreten zu Boden.
„Das wusste ich nicht", sagt sie.
„Zum Glück", sagt Anna. „Dein Spitzentanz ist klasse. Und das Publikum ist begeistert."
„Wir auch!" Kira, Julia und Sophie drängeln sich neben Marie. „Unsere Primaballerina lebe hoch!", rufen sie und jubeln.
Dann gibt es noch einmal kräftigen Applaus, nur für Marie. So viel Lob! Marie ist ganz verlegen – aber natürlich auch ein bisschen stolz. Vielleicht muss sie doch nicht mehr so schüchtern sein!

Lesequiz

1. **Wer ist Maries beste Freundin?**
   C: Julia
   T: Kira
   O: Sophie

2. **Warum stürzt Marie mit dem Rad?**
   R: Ein Auto nimmt ihr die Vorfahrt.
   U: Ein Hund läuft auf den Radweg.
   A: Ein Fußball trifft ihr Knie.

3. **Welche Schuhe trägt Marie zur Aufführung?**
   G: Schläppchen
   A: Turnschuhe
   U: Spitzenschuhe

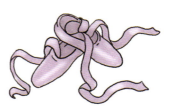

Lösungswort:

Lösungen **Lesequiz**

Seite 15: BELOHNUNG

Seite 29: WOLF

Seite 43: BALLON

Seite 55: STOLLEN

Seite 67: KLEBSTOFF

Seite 81: MUT

Seite 95: TUTU

© Schwager & Steinlein Verlag GmbH
Emil-Hoffmann-Str. 1, D-50996 Köln
Geschichten: Arne Hillienhof (S. 16 ff., 44 ff., 68 ff.),
Sabine Streufert S. 4 ff., 30 ff., 56 ff., 82 ff.)
Illustrationen: Anke Dammann (S. 4 ff., 30 ff., 56 ff., 82 ff.),
Stefan Richter (S. 1), Friederike Schumann (S. 16 ff., 44 ff., 68 ff.)
Umschlagillustration: Friederike Schumann
Redaktion: Lisa Maurer
Gesamtherstellung: Schwager & Steinlein Verlag GmbH
Alle Rechte vorbehalten
www.schwager-steinlein-verlag.de